MICHEL YANNICK EBEDE

PENSÉES D'UN PÉLERIN

MICHEL YANNICK EBEDE

PENSÉES D'UN PÉLERIN

Le QUESTIONNEMENT

Éditions Muse

Imprint
Any brand names and product names mentioned in this book are subject to trademark, brand or patent protection and are trademarks or registered trademarks of their respective holders. The use of brand names, product names, common names, trade names, product descriptions etc. even without a particular marking in this work is in no way to be construed to mean that such names may be regarded as unrestricted in respect of trademark and brand protection legislation and could thus be used by anyone.

Cover image: www.ingimage.com

Publisher:
Éditions Muse
is a trademark of
Dodo Books Indian Ocean Ltd. and OmniScriptum S.R.L publishing group

120 High Road, East Finchley, London, N2 9ED, United Kingdom
Str. Armeneasca 28/1, office 1, Chisinau MD-2012, Republic of Moldova, Europe
Printed at: see last page
ISBN: 978-620-4-96255-9

REMERCIEMENTS

Je remercie tous ceux qui de près ou de loin ont œuvré à la parution et la vulgarisation de cet ouvrage, qui a pour but de façonner des êtres qui soient agréables, utiles et serviables à la société ;

Tous ceux qui ont participé à la rédaction de cet ouvrage :

- MBA FAM Placide ;
- FOFOU FOUNTSOU ILDEVIN HUGUES

Ma famille et mes proches qui m'ont toujours soutenu dans les moments de doute.

Vous tous qui avez lu, lisez, et lirez PENSEES D'UN PELERIN soyez bénis ….

… MERCI

L'AUTEUR : Michel EBEDE

DEDICACE

Je dédie ce livre à ma fille ainée SOL EBEDE Léa Joséphine ma princesse partie trop tôt auprès de son créateur. Repose en paix mon bébé ; à la mémoire de l'humanité.

SUJETS DE REFLEXION

DANS LE NOIR PROFOND :

(Poême)

Dans le noir profond, ils rodent ; Ceux-là qui terrifient toute une nation, ainsi que leurs voisins les plus proche. Ils ne sont jamais loin ces terroristes.

Ils sont toujours prêts à se sacrifier pour atteindre leurs buts. Et d'abord, pourquoi font-ils cela ? Ces jeunes, ces pères et femmes, qu'elles sont leurs intentions ?

En questionnant l'éducation, on constate que tout part de là ; Car s'ils avaient été bien éduqué, ils n'en seraient peut-être pas arrivé à ce bas niveau : Tuer des innocents pour se faire entendre, enlever des jeunes filles pour en faire des épouses par la force des armes ; Ils enlèvent même des enfants....

Qui sont ces gens qui perturbent notre évolution ? Et pourquoi le terrorisme ?

A priori, la distinction du bien et du mal est quasi nulle, donc certains se demandent comment et pourquoi évoluer. Rendant la vie sur terre telle une résistance intense où les Hommes vivent pour survivre contre les méfaits et des coups.

Dans le noir profond, ils sont là armés, et visant à détruire les nations.

Dans le noir profond, ils rodent ceux-là qui changent les pensées des Hommes. Vu comment ils contribuent à modifier les états ; On constate sans justification qu'ils partent des frontières pour les capitales. TRAGEDIES !!!

L'EXISTENCE

Le dualisme dans les lois régissant notre monde nous présente toujours deux faits antagonistes pour chaque situation donnée ; C'est ainsi qu'on note par exemple :

- La notion de jour – nuit (en 24h)
- La vie – la mort (êtres vivants)
- Du début – de la fin (de toute chose)
- Du fait d'être – ou de ne pas être (Existence –Inexistence)

Ainsi nous pouvons dire que :

EXISTER, c'est être. C'est-à-dire, avoir une présence matériellement décelable, observable et démontrable.

L'humain existe à partir du moment où il est présent sur cette terre de façon physique, morale et spirituelle ; Car notons-le : La présence existentielle n'est possible que sous trois dimensions :

C'est la célèbre trilogie existentialiste.

DIMENSION PHYSIQUE : C'est la présence matérielle de la chose visible, touchable et périssable. Chez l'homme c'est l'enveloppe charnelle avec laquelle il se distingue dans le monde à travers la particularité de ses traits relevant de sa généalogie et de l'hérédité.

DIMENSION MORALE : Ici, l'homme existe à travers les valeurs auxquelles il est attaché et qu'il défend dans la société. En effet, la morale de l'humain conditionne le type d'actions que celui-ci posera autour de lui.

DIMENSION SPIRITUELLE : C'est le degré d'attachement au monde spirituel, au divin au cosmos. C'est l'ensemble des croyances auxquelles l'homme adhère et qui conditionnent de façon significative son existence et ses aspirations.

Mais alors :

... **pourquoi sommes-nous, plutôt que de ne pas être ?**

...**Qui sommes-nous ?**

...**D'où venons et où allons-nous ?**

Bien malin qui pourrait répondre avec certitude à ces interrogations ; Chacun y va de sa théorie selon l'orientation de sa morale et de sa spiritualité, donc de ses croyances.

La SCIENCE, nous dit que l'existence découle du big-bang au début de l'univers ; Que nous, (humains) nous sommes l'évolution de ce phénomène. Cependant, elle ne se prononce pas sur d'où venons-nous ? Elle constate et affirme néanmoins qu'à un moment donné, rien ne sera plus.

La RELIGION quant à elle nous enseigne que, nous sommes par la seule et unique volonté d'une force suprême qui en a décidée ainsi ; Et que par elle et pour elle toute chose a été faite.

Il existe aussi ceux qui ne s'en préoccupe outre mesure, en n'adhérent ni à la première, ni à la seconde explication. Car estimant que ce sont des interrogations qui dépassent l'entendement.

Dès l'âge de raison, nous fumes interpelés par les différentes interrogations sus posées et sommes parvenus aux différentes conclusions suivantes :

……. **Pourquoi sommes-nous ?**

Nous sommes par la volonté d'une entité suprême ;

.... **Qui sommes-nous ?**

Nous sommes la création d'un créateur, nous sommes à son image ;

.... **D'où venons-nous ?**

Nous venons du créateur (de là où il nous a pris.)

.... Ou allons-nous ?

Nous allons au créateur (là où il voudra nous mettre ou nous y envoyer).

Nous sommes tel de l'argile dans les mains du potier qui le moule en lui donnant la forme qui lui convient selon son inspiration et son bon vouloir..... C'est un fait incontestable.

L'univers est régi et tellement bien régulé qu'il ne saurait être le fait du hasard. La perfection et l'organisation du monde d'une part, notre complexité organique d'autre part, sont des preuves immuables et irréfutables que l'existence n'est pas le fruit du hasard mais bien celui d'une force créatrice : Nous sommes la création du **grand architecte**.

Ainsi, exister c'est être plutôt que ne pas être. Or ce qui est, vit, agit, produit et se détruit

Donc, j'existe car je suis ; Je suis, donc je vis ; Je vis, car j'agis, je produis et je détruis. Mais au fait **qu'est-ce que la vie ?**

LA VIE

La vie est un don ; Un cadeau illimité dans l'espace mais limité dans le temps. Un cadeau qui sera repris une fois le temps imparti écoulé.

Le sage nous édifie dans l'ecclésiaste à travers la transmission d'une sagesse non-traditionnelle tirée des expériences qu'il a pu faire dans la vie. Il se demande alors si la vie vaut la peine d'être vécue ; car le bonheur est fragile et les efforts humains pour l'obtenir sont le plus souvent inutiles. Comme le sage dans le livre de l'ecclésiaste, nous exprimons notre perplexité sur le sens de la vie, son but, et du bonheur humain.

……. **Pourquoi je vis ?**

((La vie est une préoccupation pénible que DIEU impose aux humains…)). Le sage1, 12.p860

Je vis car cela m'est imposé.

Quant au bonheur, ce n'est qu'une illusion : ((le rire est stupide et la joie ne mène à rien.))Ecclésiaste2 ,1 p860.

……. **Quel est son but ?**

En fait la vie n'a aucun but :

((Les humains ne tirent aucun profit véritable de leur vie sur la terre.)) Ecclésiaste 2 p860

En effet tout ce qui se passe sur cette terre est vanité, c'est-à-dire passager.

((Plus on acquiert de l'expérience et de connaissance, plus on a de déceptions et de souffrances.)). Le sage 1,16p860

Le sage a voulu comprendre ce que les humains ont de mieux à faire pendant leur vie sur terre ; Il a engagé des grands travaux de construction, de plantations, il s'est amassé de l'argent et de l'or ; Il a été comblé autant qu'un homme peut le désirer en ayant quantité de femmes ; Il connut la gloire, le pouvoir et ne se refusa rien de ce qu'il souhaitait.

Alors, il considéra toutes ses entreprises et la peine qu'il a eu à les réaliser. Il en conclut que tout cela est inutile que de poursuivre le vent.

((Les humains ne tirent aucun profit véritable de leur vie sur la terre.))Ecclésiaste 2 ,10p860 Vanité des vanités, tout est vanité.

Nous déclarons :

La sagesse est préférable à la sottise, tout comme la lumière est préférable à l'obscurité. Car l'homme sage voit là où il va, alors que l'insensé avance à tâtons. Mais une fin identique les attend, tous meurent. Tout est vanité…

Quel profit le travailleur retire de sa peine ?

Il n'ya rien de mieux pour les humains que d'éprouver du plaisir et de vivre dans le bien être. Jouir du fruit de son travail est un don du créateur.

Célébrons la joie ; Car le seul bonheur de l'homme sur la terre est de manger, de boire et d'éprouver du plaisir.

DIEU seul a le pouvoir sur la vie et les actions des hommes. La condition du juste et du méchant, du bon et du mauvais est identique : LA MORT.

Alors, mange ton pain avec plaisir et bois ton vin d'un cœur joyeux, car ton créateur a déjà approuvé tes actions. Jouis de la vie avec la femme que tu aimes chaque jour de la brève existence que le créateur t'accorde sur la terre. C'est là ce qui te revient dans la vie pour la peine que tu prends ici-bas.

Cet enseignement nous fait prendre conscience du caractère éphémère de la vie, car quel que soit qui l'on est, ce que l'on fait et ce qu'on possède, on s'en va tous de façon inéluctable vers la mort laissant tout derrière soi.

Certains pourraient déclarer :

La vie n'est rien ; cependant, rien ne vaut la vie, car, les vivants savent au moins qu'ils mourront et seul le vivant peut espérer. Tandis que les morts eux ne savent rien du tout. Ils n'ont plus rien à attendre puisqu'ils sont tombés dans l'oubli.

Alors sachons-le, la lumière du jour est douce à voir et il est agréable d'être vivant. ((L'être humain doit se réjouir de chaque année qui lui est donnée même s'il vit longtemps.)) Ecclésiaste11- 17p867 ;

Cependant, sachons qu'il y'aura toujours assez de jours sombres, car l'avenir est fait aussi de déceptions.

Le sage déclare : ((le devoir de tout Homme est de respecter le créateur en obéissant à ses ordres.))Ecclésiaste12- 13p868. Car, il nous demandera des comptes pour toutes nos actions, bonnes ou mauvaises.

… Au vue de ce qui précède, il nous parait judicieux de nous interroger sur la finalité de la vie de l'homme et même de son existence ?

LA FINALITE DE L'EXISTENCE ET DE LA VIE

Si exister c'est être ; Et si être c'est vivre, alors on pourrait se demander pourquoi vivons et existons nous ?

Nous affirmons que personne n'a demander à exister et donc à vivre. Nous pouvons dire de ceci que nous vivons par la seule volonté du créateur, et par conséquent, il est plus sage de lui obéir. Ne persévérons pas dans les voies qui lui déplaisent. Car le créateur agit comme il le désire. Sa parole est souveraine et personne ne peut lui demander les raisons de ce qu'il décide faire. Toute action que l'Homme pose sera jugée par lui le jour dit.

((Aucun Homme n'a le pouvoir de retenir sa vie et personne ne peut reporter le jour de sa mort.))

Le début de la sagesse est la crainte de l'éternel. Ainsi nous le déclarons **: La création n'a pour seule finalité que de faire la volonté du créateur jusqu'à sa mort physique ; c'est-à-dire jusqu'à son retour au créateur.**

La volonté du créateur se retrouve transcrite dans les livres sacrés parvenus aux Hommes par ses messagers et prophètes d'une part, et aussi par la parole qu'il adresse à ceux qui le recherchent et l'invoquent dans leurs cœurs et dans leurs vie d'autre part.

Mais alors qu'est-ce que la mort ?

LA SAGESSE

(Poême)

.....Où est-elle, celle qui crie sur la place ?

Certainement elle est tenue captive et veut faire surface. Irrepérable, parce qu'elle n'a ni couleur ni race, mais se fait remarquer par son vêtement, la grâce.

Il s'agit bel et bien de la SAGESSE.

La sagesse, reine mère de toute l'existence, elle à qui ne peut se comparer aucune apparence.

Malheureusement elle est tenue captive dans les langues, l'ignorance. Qui pourra l'affranchir et lui rendre son indépendance ?

Il n'ya que ses deux amies : l'humilité et l'intelligence ; qui le font en prenant pour arme la clémence.

Soudain, elle est libérée, soudain elle emprunte un chemin inconnu, plusieurs se mettent à sa poursuite sans l'avoir vu. Un seul leur indique le chemin, le maître qui seul l'a aperçu. Ce chemin c'est la souffrance qui très souvent est imprévue.

Certains à l'aide de ses deux amies, parviennent à là rattraper ; Malheureusement ils n'ont qu'une infime partie du trophée. A force de courir, elle se meurt et se lasse ; Heureusement, elle trouve un abri, les cheveux blancs qui sont pour elle un musé ?

Sa suprématie s'élève au-dessus de tout. Par la bouche des humbles et de ceux qui sont pris pour fous, elle a fondé sa gloire pour confondre et imposer silence à ceux qui savent tout.

Sa grandeur ne réside ni dans le nombre, ni dans l'autorité ; Mais dans le fait d'être le partage des humbles et des peu somptueux. A peine fut –elle énoncée, tout fut mis sous son humble nœud, gloire et richesse.

Vous tous, peuples et nations, préférez la sagesse au détriment de la richesse car elle est le bonheur, le vrai. Il est vrai, son chemin semble être tortueux mais tôt ou tard produit chez ceux qui l'ont saisi de la tendresse. Elle met en déroute l'échec et ne tient pas compte de la faiblesse. Elle élève les simples et renvoie les hautains dans la confusion. Elle pare de beauté et de splendeur sa demeure, la vieillesse.

OUI LA SAGESSE !!!

Si elle était pour moi un vêtement, je le garderais toujours neuf ;

Si elle était mon arrière-grand-mère, je ne la laisserais jamais me quitter pour la tombe ;

Si elle était mes cheveux, je ne me raserais jamais pour me faire beau ;

Si elle était une graine d'or, je la fondrais pour faire d'elle mon anneau.

LA MORT

La mort est l'absence de la vie. Car dans le dualisme existentiel, la vie et la mort sont des faces d'une même pièce cheminant côte à côte de façon antagoniste ; Les deux ne pouvant être simultanément ... Soit on est en vie, soit alors on est mort. Il n'ya pas une troisième alternative.

Nous acceptons que l'homme est un composé psychosomatique, c'est-à-dire un ensemble formé d'une entité périssable (le corps) et d'une autre non périssable (l'âme), qui elle ne disparait pas avec le corps.

D'autre part, la bible nous enseigne que l'homme a été créé à partir de la poussière, puis Dieu a soufflé dans son nez, son souffle de vie et celui-ci vint à la vie, et devint une vie. (Génèse2, 7)

Ainsi, nous disons que mourir pour l'homme, c'est rendre à la terre ce qu'elle nous a prêtée : Notre corps physique ; Et à Dieu son souffle de vie.

……. **La mort est-elle dans ce cas la fin de tout ?**

Assurément **NON** ! Pour nous, la mort n'est pas la fin de l'existence car, s'il est vrai que nous cessons d'être physiquement présent à la mort, nous continuons cependant d'être, moralement et spirituellement aux travers de nos œuvres et réalisations, de nos idées et autres croyances ;

Cependant, il existe une mort qui met fin à l'existence de l'homme définitivement : **C'est la mort de l'âme.**

En effet, l'homme étant matériel et spirituel connait également deux types de mort :

La mort du corps matériel ; celle qui nous attend tous, nous les êtres vivants. En effet, le matériel est limité dans le temps de façon immuable. Ainsi l'homme matériel est soumis à un seul aboutissement : **La mort.** Car sa naissance enclenche son processus de destruction interne qui le mènera à terme à la mort. Donc l'homme matériel est programmé pour mourir.

La mort de l'âme : Cette mort pour nous dépend uniquement de nous ; des actions posées dans notre existence matérielle et de nos croyances.

Celle-là est décidée uniquement par le créateur qui souverainement, décide si cette vie a été utile à sa volonté, sa pensée, ou pas.

Le créateur demande des comptes à chaque âme du don de vie reçu ; Si le bilan lui est positif, l'âme en question est sauvée et maintenue auprès du créateur : C'est la vie éternelle(le paradis). Si par contre ce bilan lui est négatif, cette âme est rejetée loin du créateur (Auprès de l'accusateur).

C'est la mort de l'âme, car retirée de la source absolue de vie (la seconde mort : l'enfer)

Cependant, nous disons que la mort matérielle (physique) n'est que le passage d'une dimension, à une autre moins pénible et exigeante, donc plus aboutie ; Et que la mort de l'âme est celle qui est à redouter car est celle-là ou DIEU souverainement décide de retirer sa vie de nous.

L'agneau de DIEU déclare :

((Je vous le déclare, c'est la vérité : celui qui écoute mes paroles, et croit en celui qui m'a envoyé, a la vie éternelle. Il ne sera pas condamné, mais il est déjà passé de la mort à la vie...........ceux qui ont fait le bien ressusciteront pour recevoir la vie, mais ceux qui ont fait le mal, ressusciteront pour être condamnés.))Jean5 ; 24

Ainsi la bible nous révèle que DIEU seul condamne et décide de la vie ou de la mort réelle de l'homme.

De ce qui précède, nous constatons que la seule mort à redouter est celle de l'âme.

Pour l'éviter, nous devons capitaliser le temps de vie qui nous est donné en posant des actes positifs et agréables au **SOUVERAIN JUGE** ;

Alors qu'est-ce que le temps ?

LE TEMPS

Le temps, selon notre perception

Le temps est une notion située entre 3 périodes : **Le présent**, coincé entre **un passé** qui se cristallise dans nos souvenirs et **un futur** plein d'inconnus.

La conscience du temps qui s'écoule est une donnée indissoluble de la vie. La présence du temps se manifeste par tout changement, tout mouvement ou toute évolution.

Mais il faut dire à ce niveau qu'on se trouve face à un concept vague, presque virtuel. Saint Augustin déclare : ((Si on ne me demande pas, je crois savoir ce qu'est le temps ; Si on me le demande, je ne le sais pas.))

Pourtant notre bon sens caractérise le temps par au moins trois aspects qui paraissent aller de soi :

- La chronologie ;
- La simultanéité ;

- La durée.

- **La chronologie :** C'est la succession des évènements. On classe ceux-ci en les datant.

On dira que si A s'est produit avant B, on a :

$$\text{Date}(A) < \text{Date}(B)$$

Conséquences :

- Lorsqu'un événement a eu lieu, il est impossible d'y revenir.
- La cause se produit avant la conséquence et a donc une date inférieure (principe de causalité).
- La matérialisation de la chronologie est une échelle de temps, ou encore un calendrier.

- **La simultanéité :** Deux événements sont simultanés s'ils se sont produits à la même date, quels que soient les endroits où ils ont eu lieu. Ils ne peuvent être la cause l'un de l'autre, mais peuvent évidemment avoir la même cause.

- **La durée :** Cette notion implique qu'on peut mesurer le temps. C'est-à-dire construire des horloges. Cela signifie qu'on peut définir une unité de temps reproductible avec des durées égales quel que soit le lieu.

Le temps est pour nous une notion intuitive de quelque chose qui s'écoule. Cette perception s'appuie à la fois sur des rythmes biologiques (battements cardiaques, respiration…) ; Sur des processus physiologiques (faim, soif, fatigue, vieillissement) ; Sur l'observation des rythmes de la nature (jours et nuit, saison, climat…) ; et sur ceux de la vie sociale (actes de la vie quotidiennes, travail, repos, vacances, anniversaires, fêtes…).

Elle est affectée par des facteurs psychologiques puisque :

- Le temps passe moins vite quand on s'ennuie ;
- Le temps se déroule plus vite lorsqu'on avance en âge.

Le temps étant une grandeur mesurable, l'unité de temps est toujours définie et mesurée par l'intervalle séparant deux événements comme : (clepsydre pleine, clepsydre vide ; balancier à gauche, balancier à droite, soleil au zénith, soleil au zénith.) Certaines de ces mesures reposent sur des observations astronomiques, d'autre non.

Le découpage du temps en jours, semaines, mois, année a toujours reposé et repose encore sur des observations astronomiques :

- Le jour solaire ;
- La lunaison ;
- L'année solaire.

Si les deux premiers découpages sont connus depuis toujours, l'année solaire semble s'être définie en se basant sur le retour des saisons qu'au IIIe millénaire avant notre ère par les mésopotamiens et par les Egyptiens. Ce pendant le retour des saisons étant une donnée difficile à déterminer avec précision, l'année comptait 354 jours cher les Mésopotamiens et 360 jours cher les Egyptiens avec des systèmes de rattrapage de temps en temps lorsqu'un décalage trop grand avec les saisons se manifestait.

Trois difficultés majeures allaient se présenter aux concepteurs de calendriers :

- Une lunaison n'est pas un nombre entier de jours ;
- Une année solaire n'est pas un nombre entier de lunaisons ;
- Une année solaire n'est pas un nombre entier de jours.

Ces obstacles furent découverts dans cet ordre et furent levés successivement.

Les mésopotamiens essayèrent de concilier le soleil avec la lune ; Autrement dit l'année solaire avec les lunaisons. Le cycle lunaire étant primordial à leurs yeux, ils fixèrent la durée d'un mois à 30 ou 29 jours en alternance pour correspondre au mieux avec la durée de la lunaison. L'année comptait 12 mois de façon à s'approcher au plus près de l'année solaire basée sur le retour des saisons. Mais une telle année de 12 mois totalisant 354 jours (6*30+6*29), il fallait de temps en temps décréter une année de 13 mois pour rattraper un décalage qui devenait manifeste avec les saisons. Le calendrier musulman utilisé de nos jours étant directement issu du calendrier mésopotamien, la date du premier jour de l'an musulman se décale année après année de 11 jours lorsqu'on l'exprime dans notre calendrier occidental dit : calendrier ((JULIEN)).

Les Egyptiens quant à eux comptaient 3 saisons correspondant aux 3 grandes périodes agricoles. (Inondation par le Nil, croissance des plantes, récoltes.) Et c'est donc le retour de la crue du NIL à Memphis la capitale qui leur servait de repère pour déterminer la durée de l'année ; Ils l'évaluèrent ainsi initialement à 360 jours , ils cherchèrent un autre repère et se tournèrent vers l'observation des astres, dont le mouvement était supposé régi par les dieux et donc régulier par nature : Ils fixèrent le début de l'année, le jour ou' l'étoile Sirius se situe juste à l'horizon au moment où le soleil se lève (ce choix était basée sur la bonne correspondance entre ce phénomène astronomique et le retour de la crue du NIL). L'année fut ainsi portée à 365 jours.

Les astronomes Grecs remarquèrent au cinquième siècle avant notre ère, que l'année solaire compte non pas 365 jours exactement, mais plutôt $365^{1/4}$ jours. Soit un décalage de 1jour tous les 4 ans avec l'année Egyptienne. Pour tenir compte de cette observation, le système des années bissextiles fut officiellement institué par Jules César en -45 (D'où le nom de **calendrier Julien**).

Mais la correspondance n'était pas encore parfaite, et un décalage continuait à exister entre l'année solaire, en 1582, il fut décidé de retirer 10 jours à l'année civile pour la recaler sur l'année solaire, et d'adopter la règle suivante **: La première année d'un nouveau siècle ne sera pas bissextile** (Bien que multiple de 4), **sauf si le nombre de siècles est multiple de 4** (Ainsi 2000 sera bissextile mais pas 2010). Ce système fut instauré par le pape Grégoire XIII d'où le nom de ((Calendrier grégorien)).

C'est le calendrier que nous utilisons encore de nos jours en occident : Le décalage avec l'année solaire est extrêmement réduit mais pas nul (1 jour en 3300 ans, soit en moyenne 26 secondes par an.)

Les anciens perçurent rapidement le besoin de fixer des repères dans le déroulement des journées en particulier pour le bon déroulement des rites religieux. Depuis les Mésopotamiens, le jour était découpé en 12 Heures. On utilisa d'abord le gnomon, simple piquet planté, dont l'ombre permettait un repérage temporel dans la journée, soit par les variations de sa longueur, soit par celles de sa position. Puis on fabriqua des clepsydres (récipients à écoulement d'eau) présentant l'avantage de pouvoir fonctionner de jour comme de nuit.

Rapidement, des problèmes de cohérence entre les instruments de mesure du temps apparurent.

Il s'agissait là d'une part de la dispersion des mesures pour une même classe d'instruments : construire par exemple deux clepsydres se vidant exactement en une même durée n'était pas chose aisée. D'autre part, ils se posèrent des problèmes lors de la confrontation des différents types d'instruments.

Ainsi, on s'aperçut qu'il convenait de faire des cadrans solaires avec des secteurs angulaires inégaux, si l'on voulait que les heures indiquées par ces cadrans correspondissent toutes à un même nombre de clepsydre vidées. Au travers de cet exemple, il apparait un fait important : si l'on veut diviser la graduation d'une horloge en durées égales, il faut confronter cet instrument à un autre capable d'indiquer des durées plus courtes. En ce qui concerne les clepsydres de volume moindre, la méthode manquait de précision puisque aucune de celles retrouvées à ce jour n'indiquait des heures égales, malgré la forme tronconique qui leur était donnée pour tenter d'obtenir une variation de hauteur d'eau d'apparence régulière.

La technique horlogère fit un grand pas avec la découverte en Chine au VIII[e]siècle semble-t-il du : ((mécanisme d'échappement)). Celui-ci permet d'exploiter de façon astucieuse la chute des corps qui reste le principe moteur des horloges : Il s'agit au lieu que cette chute ne se fasse de façon continue, et donc nécessairement assez rapide, de la bloquer et la débloquer par alternance. Une horloge à eau monumentale haute de 10 mètres a été construite en Chine (XIe) sur ce principe : Une roue porte à sa périphérie des godets destinés à recevoir de l'eau ; Un godet se remplit et des qu'il est plein, la roue avance d'un cran et un autre prend sa place, tandis que l'horloge elle même marque une unité de temps par le biais de personnages mécaniques actionnant des cloches et des gongs.

En 1410, l'Italien Brunelleschi invente une horloge différente, mue par la détente d'un ressort comprimé. Cette technique permet de faire des horloges plus petites, et les premières montres apparaissent au début du XVIe siècle.

Les dispositifs de régulation s'améliorent en particulier grâce à Huygens qui suite aux études de Galilée invente en 1657 la régulation par pendule. La dispersion des meilleures horloges atteint à cette époque ¼ minute par jour. C'est au XVII ^{e} siècle que l'aiguille des minutes fait son apparition. L'aiguille des secondes apparaissant quant à elle au XVIII ^{e} siècle.

La division du temps s'effectue en base 60, selon une tradition Babylonienne. La seconde est donc le 1/86400e du jour solaire. Elle correspond à peu près au rythme des battements cardiaques, ce qui en fait une unité facile à se représenter.

Jusqu'en 1956, l'unité de temps est la seconde définie comme étant la fraction 1/86400e du jour solaire moyen. Le temps légal est donc celui indiqué par une horloge qui battrait 86400*n fois en n jours : On l'appelle **TEMPS SOLAIRE MOYEN** (TSM). Mais il faut de plus définir un instant zéro : Le **temps GMT** (Greenwich MEAN Time) est le temps solaire moyen, en prenant comme origine 0 heure au moment où le soleil passe au zénith du méridien de Greenwich. Le temps universel (TU) est le temps (GMT) augmenté de 12 heures de façon à avoir 0 heure à minuit. Une légère correction est apportée pour tenir compte du déplacement quasi périodique (de quelques mètres) de la position des pôles par rapport à la surface terrestre : Cela donne le temps **TUI.** Mais la rotation de la terre n'est pas uniforme, comme on l'a souligné, il fut donc décidé dans les années 50 de se baser sur la période de révolution de la terre autour du soleil, et non plus sur la rotation de la terre elle-même. La seconde est alors définie comme la fraction 1/31556925,9747 de l'année tropique en 1900 : C'est le **temps des Ephémérides** (TE) adopté en France par le décret du 3 mai 1961.

Toutefois, les variations d'écoulement du temps d'un référentiel à l'autre ne sont significatives que lorsque leur vitesse relative est non négligeable devant celle de la lumière ; Ou encore si le champ gravitationnel n'est pas uniforme, ce qui ne se manifeste pas dans les observations de la vie quotidienne ni même, pour beaucoup d'observations scientifiques limitées au laboratoire terrestre. Il reste donc très souvent possible de parler du « temps ». Par ailleurs dans le cadre de la théorie de la relativité générale appliquée à l'univers, il est possible d'utiliser un temps unique : En effet la théorie établit qu'il existe partout, dans l'univers un ensemble d'observateurs dont les horloges, si elles sont synchronisées à un instant, le resteront toujours. Ce temps qui n'a rien d'absolu mais qui est commode est appelé : « **Temps Cosmique** ». C'est lui qui est utilisé pour dater les événements dans l'histoire de l'univers.

Le temps comme « don » et « cadeau » pour réaliser et se réaliser :

« La conscience du temps qui s'écoule est une donnée indissociable de la vie » : Ici, la manifestation du temps, de la vie en général se caractérise par le changement, le mouvement et l'évolution.

De ce qui précède, on peut ainsi dire que le temps est un intervalle, une réalité spatio –temporelle offerte à la vie à fin que celle-ci puisse se mettre en exergue à travers :

- Le changement ;
- Le mouvement ;
- L'évolution.

Ainsi, nous prenons le « temps » ici, comme un bienfait que le **MAITRE DU TEMPS** octroie à la vie (être vivant, humains) à fin que celle-ci marque le monde de son empreinte ; Le temps est donc une période de vie donnée à la création de se mouvoir ,c'est donc un « **DON** » ;

Le temps nous est donné pour nous épanouir, jouir de la magnificence de la création. C'est donc à ce titre un **CADEAU** à la création. Un cadeau permettant son épanouissement. Epanouissement découlant des réalisations. En effet, la vie de l'homme est un temps lui permettant d'être à l'image de DIEU, c'est-à-dire un créateur : Dans la mesure où celui-ci doit rendre concret et réel ses aspirations, ses désirs et autres inventions ; En d'autres termes avoir la capacité, à partir d'une pensée ou idée virtuelle de concrétiser quelque chose, d'en être l'auteur, et donc de réaliser. C'est donc le fait de prendre conscience nette de la réalité d'un fait que l'on considèrera ici comme réalisation de l'homme.

Nous avons l'intime conviction que l'être vivant est fait pour réaliser ; C'est là sa mission première à lui assignée par son créateur. Chez l'homme, les phénomènes tels :

- Le désir ;
- La passion
- L'ambition
- Le besoin etc....

Sont des dérivés du besoin de réaliser placé en lui.

Cependant, le processus de **réalisation** est loin d'être une formalité, à vraie dire est très complexe. Car il exige de l'aspirant réalisateur des qualités biens précises telles que :

- L'inspiration ;
- La patience ;
- Le savoir-faire ;

- L'ardeur au travail ;
- La foi en ce que l'on fait ;
- La patience encore …

L'éducation sociale, l'instruction, et une vie spirituelle sincère permettent à tout homme d'en disposer. Pour réaliser donc, il faut avoir une idée claire de ce que l'on souhaite concrétiser (inspiration) ; Puis il faut aborder tous les aspects permettant d'y parvenir, murir sa réflexion (la patience) ; Une fois toutes les réponses trouvées, il faut avoir le tact et la maîtrise de rassembler les moyens (matériels, humains, financiers…) nécessaire à la concrétisation (savoir-faire). Une fois en possession de tout le nécessaire, il faut se mettre résolument à la tâche sans compter ses efforts (ardeur au travail) ; Il y'aura des moments d'hésitations, de doute face aux obstacles et difficultés. Mais il faudra continuer à travailler sans cesse de façon à lever tous les obstacles et traverser toutes les difficultés (la foi en ce que l'on fait). Tout ceci est laborieux et demande beaucoup d'abnégation. Seulement tout effort est récompensé et avec le « temps » le travail paye (encore la patience …). Vous verrez que vous serez parvenu à réaliser votre aspiration.

Il est à noter qu'il n'ya pas une autre réelle source de satisfaction de joie et de bonheur que de parvenir au terme d'une réalisation. Nous prendrons quelques illustrations :

- Réussir un examen scolaire en fin d'année après neuf mois de formation, d'étude, et de sacrifice pour un élève ;
- Arriver au terme de la construction d'une maison après tant d'efforts et de privations ;
- Mettre au monde un bébé en bonne santé, après neuf mois de grossesse, et la douleur de l'accouchement ;
- Mettre sur pieds une entreprise à partir de rien et donner un avenir à ses semblables en leur donnant un travail ;
- Etc…

Le bonheur et la fierté ressentis par l'homme qui réalise sont indescriptibles car la créature à ce moment fait la fierté du créateur en créant à son tour … **C'est une plénitude réelle éprouvée.**

De ce qui précède, le temps peut être considéré comme cadeau ; c'est-à-dire quelque chose qu'on nous offre pour notre plaisir. Cependant l'on ne peut l'apprécier à sa juste valeur que si l'on le consacre à des fins utiles. En effet, l'utilisation du temps à bon escient est la condition cinéquanone pour parvenir à une quelconque réalisation.

Ainsi donc, l'homme qui parvient à réaliser ses aspirations, dans le temps parvient toujours à se réaliser. C'est à dire s'ériger en modèle de réussite sociale, professionnelle et parvenir à un bien être réel. En claire, pour se réaliser, il faut réaliser ; Pour réaliser, il faut du temps….

Le temps est donc la condition première de toute initiative, de toute éventualité, de toute possibilité.

Le temps comme véritable juge-consolateur des peines et douleurs de la vie

Nous avons coutume d'entendre ou de dire au quotidien, des expressions se rapportant au « temps » telles que :

- Seul le temps nous dira....
- On Vera bien avec le temps...
- Le temps nous édifiera.... Etc.

Ces expressions à force de les entendre, et de le dire nous paraissent bien banales ; Et pourtant lourdes de sens et dévoilant une vérité cachée.

En effet, la simple observation du monde en général, et de la vie humaine en particulier nous révèle que : « **Le temps rétablit toujours la vérité**. » En ceci que, dans le temps, tout ce qui est caché se découvre (est dévoilé) ; Toute tricherie est exposée et sue ; Tout mensonge sera confondu ; Toute usurpation sera découverte et révélée. Illustrons cela par quelques exemples :

- Nous avons déjà eu au moins une fois affaire avec quelqu'un présentant un visage angélique, se passant pour une bonne personne et qu'avec le temps, l'on s'aperçoit que c'est un pur renégat, un vrai méchant.
- Nous nous sommes confrontés à des personnes qui prétendent avoir des bonnes intentions vis-à-vis de nous, voulant notre bien ; Et qu'en réalité à la moindre occasion sont celles-là qui nous poignardent dans le dos et nous calomnient à tout vent.
- Lors d'un conflit difficile à trancher, c'est-à-dire déceler le fautif, le temps donne toujours la réponse au moment opportun (peu importe le temps mis, la vérité finie toujours par triompher).

Le temps apparait donc dans ce contexte comme un **véritable juge** dans ce sens ou tôt ou tard, il rétablit toujours la vérité.

On a coutume de dire : « le mensonge cours plus vite, mais la vérité arrive toujours la première. » Et ceci à juste titre car : Dans le temps, fourberie, calomnie sont exposées, dénoncées ; Le temps dénonce l'usurpation, le mensonge. Il expose la méchanceté, la fausseté. En même temps, il établit et conforte la vérité, la justice ;

C'est le JUSTE JUGE TEMPS.

Il est une réalité constaté par l'homme observateur sur le caractère **consolateur** du temps.

En effet, la vie impose bien souvent à l'homme des épreuves terribles et vraiment pénibles à affronter au point où celui-ci subit des chocs émotionnels, physiques et psychologiques graves ; On peut citer entre autre :

- Le décès d'un être cher ;
- La déception amoureuse ;
- L'injustice ;
- La trahison ;
- L'accident ;
- L'échec etc….

Cependant, force nous est donnée de constater qu'au fil du temps qui passe, le ressenti s'estompe progressivement et devient plus facile à supporter.

C'est dans ce sens que les expressions suivantes peuvent se comprendre :

- Ca va aller avec le temps…
- Laisse faire le temps…

Ainsi, tel un consolateur discret et efficace, le temps apaise les peines en relativisant les faits. Il impose l'acceptation de la situation à l'homme éprouvé et l'oblige à aller de l'avant.

Loin d'effacer les blessures que la vie cause cher l'homme, le temps apparait comme un baume apaisant qui rend la douleur supportable cher celui-ci ; Ainsi, le temps juge les actions que l'homme pose dans la vie, et le console des blessures que la vie lui inflige. Il est **juge-consolateur**.

Le temps, outil privilégié d'un Dieu intemporel

La bible nous dit dans genèse (chap. 1 ; 3-5) que le temps est la 3ème chose que Dieu fit sur l'échelle chronologique de la création du monde : « Dieu dit : Que la lumière soit ! Et la lumière fut. Dieu vit que la lumière était bonne ; et Dieu sépara la lumière d'avec les ténèbres. Dieu appela la lumière jour, et il appela les ténèbres nuit. Ainsi, il y eut un soir, et il y eut un matin : Ce fut le premier jour. » Genèse (chap1. 3-5)

Amen.

De ce qui précède nous disons : La volonté de Dieu s'accomplit dans le temps ; Ainsi Dieu n'est pas le temps, il est **maitre des temps**. Tel un outil privilégié pour l'exécution de ses projets, le temps est pour lui l'accessoire de choix pour agir sur la création en ceci que : **IL a tout fixé dans le temps**.

Mais alors, qui est celui-là qui est intemporel

<u>DIEU</u>

Les leçons de catéchèse nous ont révélé que : **Dieu est celui qui est** : Il est créateur et maitre de toutes choses ; Les saintes écritures nous disent que Dieu est celui qui a fait le ciel et la terre, l'univers visible et invisible, il est le tout puissant.

DIEU est vie, source de toute vie ; Tout ce qui vit l'est par lui et pour lui. « Au commencement, Dieu créa les cieux et la terre. » Genèse 1

Dieu est la vérité absolue ; il a horreur du mensonge, l'injustice, la ruse, et toute forme de malices.

DIEU est la connaissance absolue, car tout est issu de sa propre volonté. Par sa parole, il fit toute chose existante, visible et invisible ; Il est L'ALPHA et L'OMEGA, le début et la fin de toute chose. IL est omniscient et omnipotent. Il est le tout puissant.

Dès la première page de la bible, le lecteur découvre un DIEU qui agit par la parole. A sa seule parole, des hommes se mettent en route, d'autres passent à l'action, des évènements nouveaux surgissent.

Cette parole se trouve toute entière condensée en la personne de **jésus de Nazareth** (jean 1. 1-18)

En effet, aucune créature ne peut dire exactement qui est le créateur, car nul ne la jamais vu et nul ne sait où il réside ; Si ce n'est son fils bien aimé.

DIEU est **souverain**, le craindre, l'aimer et faire sa volonté est **notre réelle destinée**.

L'ancien testament ne prouve pas l'existence de DIEU par un raisonnement philosophique, il la suppose comme une chose qui va de soi ; Les insensés qui disent dans leur cœur : Il n'ya pas de DIEU, ne nient pas l'existence de DIEU, mais seulement qu'il se préoccupe des hommes et de leur manière de vivre ; Ils veulent vivre comme s'il n'y avait pas de DIEU qui punit leurs péchés. (Ps 14 ,1 ; 53,2). Car leur existence en elle-même en est la preuve de ce qu'ils réfutent.

La puissance et l'immutabilité sont les deux propriétés principales de DIEU. Il exerce cette puissance sur son peuple et sur le monde entier en tant que : Seigneur, professeur et roi. Et réclame pour son service l'homme et le peuple tout entier et les domine ; Parce qu'il montre sa puissance dans la protection ou le châtiment de son peuple.

DIEU est saint, sa sainteté signifie qu'il est séparé de toute chose et qu'il est élevé au-dessus de tout ce qui est ordinaire, créé et faible, tant sur le plan physique que moral**. Il est le tout autre ;**

L'indicible devant qui l'homme est conscient de n'être que cendre et poussière. Sa sainteté se montre dans sa justice, elle est offensée par l'infidélité et tellement éloigné de tout ce qui est pêché, que le pécheur qui entrerait en rapport avec lui doit mourir.

Enfin, DIEU prouve sa sainteté en exerçant sa puissance dans la création, dans ses miracles, dans les phénomènes de la nature, dans son jugement juste et dans la constance de son amour.

En dépit de l'éloignement du pécheur et de son créateur, il existe une force capable de justifier l'Homme devant DIEU de façon à cheminer ensemble et en symbiose ; Il s'agit de : **la foi.**

La foi, parlons-en !!!

LA FOI

L'AT la définit comme l'attitude pieuse de l'homme devant DIEU.

Cette attitude comportant l'adhésion de l'intelligence, la confiance du cœur et l'obéissance de la volonté.

La foi va toujours de pair avec une ferme confiance (Ps 46 ; 91 ; 34 ; 5-11...)

L'histoire d'Abraham nous démontre une croyance sans hésitation à la promesse de DIEU. Car Il a espéré contre tout espoir (Rom 4,18).

La foi est un assentiment de l'intelligence ; assentiment qui s'appuie sur la parole de DIEU, donc sur l'autorité divine (Thess.2, 13) et non sur la claire vision des choses (2cor :5,7).

Par-là, la foi s'apparente à l'espérance avec laquelle elle est souvent mise en rapport (Gal : 5,5…). Car si elle est l'acceptation de la parole de DIEU, qui contient des promesses, elle inclut nécessairement la confiance et l'espérance en DIEU. Elle est en outre un acte de la volonté, car elle est aussi une obéissance à la bonne nouvelle du salut (Rom.10, 16…) On peut dire de ceci qu'elle est donc une soumission absolue à l'économie du salut inaugurée par le christ ; Car elle naît de la prédication, qui en est l'occasion et est opérée par l'esprit de DIEU.

Elle se révèle donc être une grâce divine.

La foi qui est caractérisée avec l'espérance et la charité comme une valeur permanente ici-bas est une vertu surnaturelle, tout comme l'espérance. Elle opère la rémission des péchés et la réconciliation avec DIEU.

Car DIEU a établi que par son sang, le christ opèrerait la réconciliation ; Réconciliation à laquelle l'homme doit participer par sa foi. Ainsi, **l'Homme est justifié par la foi**. Car à l'Homme qui croit, la foi est comptée comme justice (Rom 4,3 ; Gal 3,6 …)

(Celui qui demeure sous l'abri du très haut repose à l'ombre du Tout puissant.

Je dis à l'éternel : Mon refuge et ma forteresse, mon Dieu en qui je me confie !

Car c'est lui qui te délivre du filet de l'oiseleur, de la peste et de ses ravages.

Il te couvrira de ses plumes, et tu trouveras un refuge sous ses ailes ; Sa fidélité est un bouclier et une cuirasse.

Tu ne craindras ni les terreurs de la nuit, ni la flèche qui vole de jour,

Ni la peste qui marche dans les ténèbres, ni la contagion qui frappe en plein midi.

Que mille tombent à ton coté, et dix mille à ta droite, tu ne seras point atteint ;

De tes yeux seulement tu regarderas, Et tu verras la rétribution des méchants.

Car tu es mon refuge, ô éternel ! Tu fais du très haut ta retraite.

Aucun malheur ne t'arrivera, aucun fléau n'approchera de ta tente.

Car il ordonnera à ses anges de te garder dans toutes tes voies ;

Ils te porteront sur les mains, de peur que ton pied ne heurte contre une pierre.

Tu marcheras sur le lion et sur l'aspic, tu fouleras le lionceau et le dragon.

Puisqu'il m'aime, je le délivrerai ; je le protègerai, puisqu'il connait mon nom.

Il m'invoquera, et je lui répondrai ; Je serai avec lui dans la détresse, je le délivrerai et je le glorifierai.

Je le rassasierai de longs jours, et je lui ferai voir mon salut.) Psaume 91

Ce pendant notons que, les bonnes œuvres favorisent l'éclosion de la foi, et les mauvaises actions quant à elles lui font obstacle. La foi est donc aussi bien l'œuvre de la bonne volonté que de l'intelligence, et elle dépend des dispositions morales de l'Homme ; Mais elle est en même temps un don de DIEU.

Le NT nous révèle que DIEU exige de l'Homme qu'il croit au christ ; Il l'ordonne. Cette foi est le moyen nécessaire pour acquérir la vie éternelle ou le salut.

La foi telle que je la vis

La foi n'est pas une donnée ou une notion abstraite ; Elle est palpable et concrète aux travers de notre état d'esprit ; car de nos œuvres et nos aspirations, elle se manifeste. Chez nous elle se matérialise à travers le don de soi en tout ce que nous faisons et ce, où que nous soyons.

Voici mes expériences :

- Mon parcours scolaire s'est fait en dent de scie ; dans un premier temps à cause de l'inconscience et un manque d'encadrement particulier dont j'aurai eu besoin pour mieux m'exprimer car j'étais un enfant au caractère difficile. Néanmoins, je pus parvenir au secondaire sans trop de peine. Il fut moins laborieux dans un premier temps grâce à une prise de conscience due à une saine concurrence entre mes frères et mes camarades amis mais aussi grâce à un meilleur suivi parental. C'est ainsi que je pus obtenir mon certificat d'aptitude professionnel (CAP EE) du premier coup d'essai, puis je dus quitter le domicile familial pour aller m'installer à Yaoundé quasiment seul pour poursuivre mes études. Ce départ me destabilisa car pour la première fois j'étais livré à moi et pour un jeune en pleine adolescence cette période est très complexe et délicate…Rapidement je perdis pieds et perdire de vue l'essentiel pour moi à savoir mon école. Je fis une très mauvaise classe de seconde ou je n'avais pas de base mais je pus m'inscrire en première technique l'année suivante dans un collège privé de la ville. C'était le début de mon brisement... J'échouai lamentablement la première année avec une moyenne inférieure à 6 annuelle. Cet échec lamentable fut un véritable électrochoc pour moi. Car pour la première fois j'étais face à une difficulté dont je n'étais pas certain de pouvoir prendre les dessus. Néanmoins je repris les classes l'année suivante avec plus de conscience et d'engagement, mais également avec les lacunes accumulées des deux années précédentes. Et fatalement j'échouai encore cette année ; Mais je me souviens que durant cette année-là mon camarade de classe et ami me posa un jour cette question à savoir : **Je vois tu reprends la classe comme moi et au vu de nos résultats scolaires actuels rien n'est prometteur quant à notre réussite à l'examen cette fin d'année et je sais qu'un autre échec nous sera fatal vu les conditions difficiles dans lesquelles nos parents sont. Ce pendant je te vois tellement posé et confiant que j'en suis intrigué ; sur quoi comptes tu ?**

Je ne sus quoi lui répondre. Car je n'avais aucune lueur d'espoir ni même quelqu'un sur qui compter. Mais je savais ce que je voulais faire de ma vie et je savais que cela passait par ma réussite à l'école donc à cet examen. Je mis donc toute ma confiance et ma foi en Dieu, car je savais que seul je ne pouvais y arriver. L'année suivante les conditions de vie de notre famille s'étant considérablement améliorés nous quittions Yaoundé pour une ville périphérique, je pus reprendre pour la troisième fois la classe de première et cette fois-là de façon curieuse ce fus encore un échec malgré les très bons résultats obtenus durant toute l'année. Cet échec me désarçonna et me donna l'envie d'abandonner l'école et chercher un petit emploi ; Mais grâce au soutient de mes parents je repris les classes l'année suivante avec plus de détermination et de certitude en Dieu qui seul pouvait récompenser ma témérité, mon engagement, mon envie de réussir, et surtout ma foi en lui. Et cette fois-là je réussis le probatoire F3 haut la main. Je n'en revenais pas d'avoir pu réaliser cet exploit. Certe il m'aura fallu quatre bonnes années pour y parvenir, mais avec Dieu j'y suis arrivé et encore aujourd'hui je remercie grandement l'éternel de m'avoir exhaussé, en m'accordant cette réussite. L'année suivante je fis la classe de terminale avec beaucoup d'engagement et de motivation. J'excellais par les notes et étais toujours parmi les trois premiers de la classe. Dans une classe d'un effectif de vingt-deux élèves cette année-là vingt élèves réussirent le Baccalauréat F3 ; Seuls deux élèves échouèrent et chose curieuse j'étais l'un des deux échoués. Tout mon monde s'effondrait une fois de plus. Ma foi était mise une fois de plus à rude épreuve et tous les projets dans l'eau. J'avais mal, j'étais dévasté mais je gardais ma ferme confiance en Dieu. Une fois de plus grâce à mes parents qui n'ont jamais cessé de me soutenir je pus me remobiliser pour l'année suivante. Ce fut une année de consécration et d'accomplissement personnelle car je réussis mon baccalauréat F3 avec 13 de moyenne, et réussis l'entrée à L'ENSET de Douala que je fis sous réserve la même année. Tout en rappelant que je compétis avec certains de mes camarades qui avaient réussis leurs examens des années auparavant, qui étaient déjà au supérieur et qui se moquaient du fait que je fasse mon concours sous réserve ; Je fus le seul parmi nous à réussir cette année-là ce concours.

Conscient du fait que de mes propres aptitudes et capacités, je ne pouvais y arriver, je fis à Dieu un abandon total à travers une adhésion totale de mon intelligence ; une confiance de cœur en dépit des multiples échecs ; Et une obéissance totale à sa volonté. Je confesse que c'est ma foi en Dieu qui me permit de tenir et de parvenir à réaliser mes ambitions.

- Ma fille ainée est née pendant que j'étais encore élèves, en classe de terminale grâce au soutient de mes parents je pus m'occuper d'elle et de sa mère. Elle était d'apparence saine et bien portante ; hors mis le fait que j'avais constaté une fragilité particulière que j'avais rapidement balayée par le prétexte que ce n'était encore qu'une enfant qui allait s'endurcir avec l'âge. Malgré le fait que j'étais un jeune papa qui n'avait pas encore son destin entre ses mains et qui ne pouvait la satisfaire matériellement, ma fille a toujours avait toujours été pleine de joie et de vie ; sachant se contenter du peu que nous ses parents lui donnions. Elle apporta une stabilité émotionnelle et affective dans ma vie à tel point que j'étais le papa le plus heureux qui soit. Je lui ai donné tout mon amour et plaça en elle toute la source de ma motivation de réussite. Et puis un jour, après cinq années passées sans réelle difficulté sanitaire elle tomba malade. On lui diagnostiqua un paludisme et une anémie ; En conséquence un traitement lui fut prescrit et elle le débuta immédiatement... Le lendemain matin, elle se leva normalement fit sa toilette et pris son traitement et son petit déjeuné qu'elle bouda un peu. Puis elle me dit qu'elle voulait se coucher sur le canapé ; C'est dans cette position qu'elle se mit à raidir et à convulser. Pris de panique je couru avec elle a l'hôpital ou elle fut immédiatement hospitalisée et prise en charge. Sauf qu'elle ne parlait plus, et ne bougeait presque plus. Deux jours plus tard son état ne s'améliorait toujours pas et tous les examens prescrits ne révélaient toujours rien qui puisse expliquer ses symptômes et justifier son état, alors on nous transféra a la fondation Chantal Biya pour une meilleure prise en charge. On passa trois semaines dans cette hôpital sans que l'on ait pu nous donner l'origine de son mal et encore moins la soulager. Déjà elle était entrée dans le coma et placée sous assistance respiratoire pendant deux semaines ….

J'étais dévasté et anéanti ne sachant à quel saint me vouer et surtout n'ayant plus un seul centime en poche. Je ne comptais que sur mes parents et ma belle-famille pour continuer à régler les ordonnances. Mais le drame est que tout cela ne servait à rien, ma fille s'éteignait progressivement devant moi et je ne pouvais rien faire pour la retenir. J'étais rempli d'un sentiment d'impuissance qui me fit perdre pieds à nouveau. Une fois de plus, je dus faire appel à ma foi en Dieu. Je me présentai devant mon seigneur tel que j'étais, faible sans réelle capacité et me déchargea entre ses bras. A partir de là, je me détachai de toutes émotions de tout ce qui se passait autour de moi car je savais que le seigneur allait agir en dépit des apparences de la situation qui nous étaient défavorables. Dans le même temps le désarroi et le d'espoir dans lequel était notre entourage poussa certains proches à se laisser convaincre de suivre des pistes de guérison peu recommandables. Mais à chaque fois ; leurs propositions se heurtaient à mon refus car pour moi le guérison de mon enfant ne pouvaient passer que par l'hôpital et Dieu c'est-à-dire par la science, la foi et la prière. Au bout d'un mois à la fondation, on découvrit qu'elle était drépanocytaire, et qu'elle avait fait des AVC multiples avec hémorragie ; Elle ne pouvait bouger ni ses mains, ni ses jambes. Elle était devenue inerte et rigide, et se faisait nourrir de bouillie au travers d'une sonde qui passait par son nez. C'est dans cet état qu'on nous libéra de la fondation à notre demande bien sûr et contre avis défavorable de l'hôpital. Pour tout le monde ce n'était qu'une question de temps avant son décès. C'est à ce moment que ma foi en Dieu s'est vue récompenser car, de façon inexpliquée elle se mit à retrouver de la souplesse, je lui retirai sa sonde après deux semaines, et elle se mit à manger normalement. Bien ne qu'elle ne retrouva pas la parole ni sa mobilité, elle vécue encore cinq années avec nous...Période pendant laquelle on expérimenta l'amour de notre seigneur pour les affligés. Au bout de cinq années de traitement et de prière nous commencions véritablement à retrouver notre bébé qui commençait à retrouver ses aptitudes, ce pendant un soir, elle eut un petit malaise et fut mise instantanément sous traitement ; Le lendemain matin elle se réveilla prit son petit déjeuné et ses médicaments, quelques minutes plus tard elle était partie rejoindre son créateur…J'avoue que je me demande encore aujourd'hui comment j'ai pu traverser , supporter cette épreuve, tant ma douleur est encore vive. Mais ce dont je suis sûr, c'est qu'elle est mieux auprès de son créateur plus tôt que parmi nous.

Je le déclare aujourd'hui, c'est l'espérance en une guérison complète de ma fille et une soumission totale a la volonté de Créateur à sa mort qui m'a permis d'accepter mon sort. Aujourd'hui encore j'espère que ma fille est au paradis dans la joie et la plénitude de son sauveur. Ainsi la foi est un réconfort pour l'âme en détresse. Réconfort qui empêche l'Homme de sombrer dans le noir et le désespoir dans les moments d'afflictions et de dures épreuves.

- La foi est en définitive pour moi la clef de tout succès personnel, de toute réalisation et enfin de tout aboutissement. Car par expérience, toutes les personnes ayant réussi à se démarquer dans la vie sont celles qui ont la foi : **La foi en Dieu** ; mais aussi et surtout **la foi en elles-mêmes.** Car aucun acte positif remarquable ne découle d'un individu qui ne crois pas en lui-même, en son potentiel, et à ses capacités. En effet elle dissipe en nous les doutes et les hésitations … renforce nos certitudes et par conséquent notre assurance. Nécessaires pour toutes réalisations. C'est un acte de la volonté ; Elle est donc en définitive un don de DIEU.

CANTIQUE DE CONSECRATION : 154 ; 2-3

Jésus sois mon guide, dirige mes pas dans tous mes combats ; Dans la nuit profonde tiens-moi par la main lumière du monde luis sur mon chemin.

Source de l'eau vive, pain venu des cieux, que par toi je vive paisible et joyeux !

Quant luira l'aurore du jour de l'éternel, que je vive encore pour toi dans le ciel

159 : 1, 2, 3, 4, 5,6.

Prends ma vie, elle doit être à toi seul, ô divin Maitre.

Que sur le flot de mes jours ton regard brille toujours !

Que mes mains à ton service s'offrent pour le sacrifice.

Qu'a te suivre pas à pas, mes pieds ne faiblissent pas !

Prends ma voix et qu'elle chante ta grâce auguste et touchante ;

Par mes lèvres que ton nom parle au pécheur de pardon !

Que mon esprit s'illumine de ta sagesse divine ;

Prends mon argent et mon or et toi seul, sois mon trésor.

Que ma volonté devienne la servante de la tienne ;

Fais ton trône de mon cœur ; Il t'appartient, bon sauveur.

Qu'ainsi mon amour répande à tes pieds son humble offrande :

Prends-moi dès mes premiers jours !

Tout à toi seul pour toujours !

LE MARIAGE

Le mariage comme institution règlementée par la loi humaine :

Le mariage est un acte juridique par lequel un homme et une femme établissent entre eux une union dont la loi civile règle impérativement les conditions, les effets, et la dissolution.

LES RÈGLES DE FORMATION DU MARIAGE

Les conditions de fond

Il existe trois catégories de conditions de fond à la formation du mariage.

Les conditions physiologiques : le sexe, l'âge et la santé des futurs époux

Le sexe

Le mariage est l'union d'un couple de sexe différent.

Le mariage d'un transsexuel qui a obtenu la modification de son état civil est envisageable dans la mesure où les deux futurs époux, identiques biologiquement, ont un sexe différent à l'état civil.

Le mariage homosexuel n'est actuellement pas légalisé au Cameroun. Mais l'est en France et dans bon nombre de pays dans le monde.

L'âge

Depuis la loi 2006-399 du 4 avril 2006, l'homme et la femme ne peuvent se marier avant l'âge de 18 ans révolus (France)

Certificat médical

Depuis la loi 2007-1787 du 20 décembre 2007, le certificat prénuptial n'est plus demandé aux futurs époux (France).

La condition contractuelle : le consentement des futurs époux

L'existence du consentement

Dans l'article 146 du code civil, le législateur rappelle qu'il n'y a pas de mariage s'il n'y a pas consentement.

Ainsi en cas de mariage in extremis, la seule condition est que le mourant soit en état de donner son consentement. Ce consentement doit être lucide et les formalités du mariage peuvent être adaptées puisque l'officier d'état civil peut se déplacer au domicile du mourant.

Le seul cas particulier est le mariage posthume. La loi 59-1583 du 31 décembre 1959 : a admis la possibilité de mariage posthume. Dans ce cas il faut que les formalités nécessaires antérieures au mariage aient été effectuées par le futur époux qui décède avant la célébration du mariage, prouvant sans équivoque sa volonté de se marier. Le mariage n'entraine aucun droit de succession pour l'époux survivant car aucun régime matrimonial n'a existé entre les époux. C'est au Président de la République de décider d'autoriser ce mariage, pour motifs graves (art 171 du CC Français).

Le consentement libre et éclairé

La volonté des époux est une condition primordiale dans le déroulement du mariage Chacun est libre de se marier ou non, ce qui suppose l'absence de toute entrave à l'accord de volonté.

Le consentement sérieux

Il s'agit ici du problème des mariages fictifs, simulés, blancs. On entend par "consentement sérieux", que ce consentement est l'affirmation des époux de vivre une vraie vie conjugale, mais aussi d'assumer toutes les conséquences personnelles ou matrimoniales que ce consentement engendre. Depuis la loi n°2006-911 du 24 juillet 2006 dans son article 79(article 21-2 CC Français) il est précisé que l'étranger ou l'apatride *(cf. glossaire)* qui contracte un mariage avec un conjoint de nationalité française pourra obtenir la nationalité française, à l'expiration de quatre ans à compter du mariage. La délivrance d'un titre de séjour pour le conjoint d'un français n'est plus octroyée de plein droit.

Les conditions morales et sociales : l'interdiction de la bigamie et de l'inceste.

Il existe deux empêchements à mariage fondés sur des considérations à la fois sociales et morales : Un mariage antérieur non dissous L'art 147 du CC précise que l'on ne peut contracter un second mariage avant la dissolution du premier.

Un lien de parenté ou d'alliance entre les futurs époux. Selon les arts 161 ,162et 163 du CC.

Le mariage est prohibé :

En ligne directe, entre tous les ascendants et descendants et les alliés dans la même ligne. En ligne collatérale, entre le frère et la sœur. Entre l'oncle et la nièce, la tante et le neveu

Les conditions de forme

Les formalités antérieures à la célébration du mariage :

Remises de documents

Une copie de l'acte de naissance des futurs époux datant de moins de 3 mois (art 70 :

La justification de l'identité des futurs époux au moyen d'une pièce délivrée par une autorité publique.

L'indication des prénoms, nom, date et lieu de naissance, profession et domicile des témoins, sauf lorsque le mariage doit être célébré par une autorité étrangère ; si besoin, l'acte de naissance des enfants à légitimer, le certificat de notaire si les futurs époux ont signé un contrat, l'acte de décès d'un précédent conjoint ou l'annulation d'un précédent mariage.

Une audition

Au vu des pièces remises par les futurs, et dans le but d'éviter les fraudes au mariage, l'officier d'état civil peut solliciter un entretien avec les futurs époux. Cet entretien initialement commun peut être effectué séparément.

Publications

Avant la célébration du mariage, l'officier de l'état civil fera une publication par voie d'affiche apposée à la porte de la maison commune. L'objectif de cette publication est de permettre aux personnes compétentes d'exercer leur droit d'opposition ou pour que les tiers qui ont connaissance d'un empêchement à cette union puissent en informer l'officier de l'état civil. Cette publication énoncera les prénoms, noms, professions, domiciles et résidences des futurs époux, ainsi que le lieu où le mariage devra être célébré. L'affiche prévue restera apposée à la porte de la mairie pendant dix jours (40 jours au Cameroun).

Le mariage ne pourra être célébré avant le dixième jour sans compter celui de la publication.

Si l'affichage est interrompu avant l'expiration de ce délai, il en sera fait mention sur l'affiche qui aura cessé d'être apposée à la porte de la mairie. Si le mariage n'a pas été célébré dans l'année qui suit la date d'expiration du délai de la publication, il ne pourra plus être célébré qu'après une nouvelle publication. (Art 63 ,64 et 65du CC).

La célébration du mariage :

Le mariage sera célébré dans la commune où l'un des deux époux aura son domicile ou sa résidence établie par un mois au moins d'habitation continue à la date de la publication prévue par la loi (art 74 du CC) Le mariage a lieu publiquement à la mairie en présence, des futurs époux, de l'officier de l'état civil, et d'au moins deux témoins, quatre au plus. L'officier de l'état civil lit les articles du code civil portant sur les **devoirs des époux et l'autorité parentale**.

Devoirs des époux (art 212,213du CC) :

Ils ont un devoir mutuel de respect, fidélité, secours, assistance. Ils assurent ensemble la direction morale et matérielle de la famille. Ils pourvoient à l'éducation des enfants et préparent leur avenir.

Si les conventions matrimoniales ne règlent pas la contribution des époux aux charges du mariage, ils y contribuent à proportion de leurs facultés respectives. Si l'un des époux ne remplit pas ses obligations, il peut y être contraint par l'autre dans les formes prévues au code de procédure civile. Ils s'obligent mutuellement à une communauté de vie. La résidence de la famille est au lieu qu'ils choisissent d'un commun accord. Les époux ne peuvent l'un sans l'autre disposer des droits du logement de la famille, ni des meubles meublants dont il est garni.

LA PREUVE DU MARIAGE

La preuve du mariage se fait par la présentation de l'acte de mariage qui a été établi par l'officier de l'état civil (art. 194 du CC : Un extrait ou une copie de cet acte sert donc de moyen de preuve. En cas de pertes ou d'inexistence de registres de l'état civil, la preuve du mariage peut se faire par témoignages ou en produisant des registres ou papiers des parents décédés (art. 46 du CC : A la fin du mariage, un livret de famille est délivré gratuitement aux époux. Chaque époux a le droit du nom d'usage de l'autre. (Les autres dispositions sont contenues dans les codes civils des différents pays.)

Le mariage tel que décidé par DIEU :

Ève a été faite dans le but d'être pour Adam une aide « semblable à lui ». La langue française la décrit comme étant une aide, mot qui n'exprime pas tout ce que contient le terme hébreu. Parfois il désigne quelqu'un qui aide une autre personne à trouver son épanouissement. À une occasion, on l'a employé pour décrire quelqu'un qui porte secours à une autre personne : « La femme a été amenée vers l'homme pour le compléter — afin de le délivrer de sa solitude. »

Dans cette première relation conjugale, notre Créateur a fourni un modèle réaliste qui nous donne la ligne de conduite à suivre pour faire face aux défis de la vie de couple et pour respecter les éléments indispensables à un mariage solide. En faisant le récit du premier mariage, la Genèse conclut par une déclaration exprimant quatre éléments qui devraient faire partie de tout mariage (voir Genèse 2.24, 25). Les voici :

• Une coupure. « C'est pourquoi l'homme quittera son père et sa mère ». Les mariés quitteront leurs parents.

• Un lien. « … et s'attachera à sa femme ». L'illustration du premier mariage inclut l'idée d'un lien indissoluble et permanent.

• Une unité. « … et ils deviendront une seule chair ». Les deux doivent se voir comme un seul. Les anciennes cellules familiales sont brisées ; une nouvelle cellule voit le jour.

• Une intimité. « L'homme et sa femme étaient tous deux nus, et ils n'en avaient point honte. » L'absence de timidité les rendait capables de s'aimer et de combler les besoins l'un de l'autre sans la moindre gêne ou le moindre sentiment de rejet.

Des rôles bien définis

La société d'aujourd'hui fait une guerre sans merci au mariage. Et une de ses attaques vise les rôles traditionnels dans la famille. On dit à la femme qu'elle a les mêmes droits que son mari et que, par conséquent, elle ne doit se soumettre à personne. Le mari subit, quant à lui, les pressions de ceux qui l'encouragent à s'occuper de lui-même sans se soucier de sa femme. Résultat : les maris et les femmes ont besoin de direction. Ils ont besoin de réponses aux questions fondamentales concernant leurs rôles spécifiques. Ces réponses, on les trouve dans la Bible. Et lorsqu'elles sont exprimées dans l'amour, elles reflètent la sagesse de Dieu.

Le rôle du mari. La Bible dit que le mari est le chef de la femme. Paul a écrit : Je veux cependant que vous sachiez que… l'homme est le chef de la femme, et que Dieu est le chef de Christ (1 Co 11.3). […] car le mari est le chef de la femme (Ép 5.23).

Bien que ce principe biblique soit l'un de ceux qui est le plus cité abusivement et dont on fait le plus mauvais usage, il n'y a aucune raison d'agir ainsi. Le leadership selon la Bible n'est aucunement dictatorial ni basé sur un service intéressé. Aux yeux de Dieu, le leadership doit : • s'exercer dans l'amour (Ép 5.25 ; Col 3.19) ;

• suivre l'exemple de l'amour de Christ pour son Église (Ép 5.25) ;

• s'exercer avec compréhension (1 Pi 3.7) ;

• s'exercer sans amertume (Col 3.19) ;

• n'avoir d'égal que son amour pour son propre corps (Ép 5.28). Le leadership marital ne signifie pas que l'homme soit supérieur. Le même verset qui dit que le mari est le chef de la femme dit également que Dieu est le chef de Christ (1 Co 11.3). Or, nous savons que Dieu et Christ sont égaux de par leur nature. Tous deux sont pleinement Dieu. Le leadership du mari est de nature fonctionnelle. Il contribue à bien faire marcher le mariage. Lorsqu'on comprend bien ce qu'il est et qu'on l'exerce dans l'Esprit de Christ, le leadership endosse le rôle de serviteur. Le leadership s'accompagne de grandes responsabilités. Le mari est tenu de pourvoir à un leadership qui honore Dieu et qui soit donc empreint d'amour, de compréhension, d'oubli de soi, de sacrifice, de patience.

Le rôle de la femme. La Bible prescrit à la femme de se soumettre avec sagesse au leadership de son mari en usant de prévenances envers lui : Femmes, que chacune soit soumise à son mari, comme au Seigneur (Ép 5.22 ; voir aussi Col 3.18). Femmes, que chacune soit de même soumise à son mari (1 Pi 3.1). Les femmes âgées doivent... donner de bonnes instructions, dans le but d'apprendre aux jeunes femmes à être... soumises à leur mari (Tit 2.3-5). Dieu a créé l'homme et la femme afin de les unir dans une relation harmonieuse et satisfaisante. Il a formé Adam le premier (1 Ti 2.13), et cela, pour qu'il soit le chef (1 Co 11.3 ; Ép 5.23). Adam devait 12utiliser sa force physique et ses responsabilités spirituelles pour le plus grand bien d'Ève ; quant à Ève, elle devait être prête à aider Adam dans l'accomplissement du rôle et des responsabilités que Dieu lui avait confiées (Ge 2.18 ; 1 Co 11.8,9). La femme qui n'éprouve pas de joie à épauler son mari à assumer un leadership empreint d'amour et d'attention au sein du foyer, le fait à son propre préjudice. En supposant qu'elle trouve difficile d'accepter même les bonnes initiatives de son mari, elle doit montrer qu'elle s'en remet finalement pleinement à Dieu. Le mariage a le plus de chances de réussir lorsque mari et femme acceptent leurs rôles respectifs. Il s'agit d'une nécessité fonctionnelle – une nécessité illustrée dans la

Trinité. Le modèle biblique de l'amour chrétien est énoncé clairement dans 1 Corinthiens 13. Quoique l'amour tel que défini dans ces versets bien connus soit vrai pour toute relation humaine, il peut s'appliquer particulièrement dans le contexte du mariage.

Prenez le temps de réfléchir aux façons pratiques dont les éléments de l'amour décrits dans les versets 4 à 8 s'appliquent à la relation de mari et femme :

• L'amour est patient : Elle (la femme) endure le manque d'attention de son mari encore et encore.

• L'amour est plein de bonté : il partage avec elle les tâches ménagères lorsque sa femme a vécu une rude journée.

• L'amour n'est point envieux : il n'envie pas le poste important qu'elle occupe au 14 bureau ou les éloges qu'elle reçoit pour sa gentillesse.

• L'amour ne se vante point de ramener à la maison un plus gros salaire ou de faire moins d'erreurs que l'autre.

• L'amour ne s'enfle point d'orgueil : il admet qu'elle pourrait avoir raison au sujet de ce qui cloche à la voiture.

• L'amour ne fait rien de malhonnête : il lui parle respectueusement, aussi bien en privé qu'en public.

(D'autres versions traduisent « L'amour n'agit pas avec inconvenance ». Dans l'original, il décrit une façon de parler ou un comportement inapproprié et impoli.)

• L'amour ne cherche point son intérêt, mais il cherche l'occasion d'aider l'autre.

• L'amour ne s'irrite point. Il n'élève pas même la voix lorsque l'autre le fait.

• L'amour ne soupçonne point le mal. Elle ne s'arrête pas à relever ses fautes passées et à le suspecter, mais elle passe à autre chose.

• L'amour ne se réjouit point de l'injustice et n'incite pas l'autre à opter pour une mauvaise conduite.

• L'amour se réjouit de la vérité en faisant toujours face à la réalité et en acceptant de changer pour s'y conformer.

• L'amour excuse tout, sans recourir à des critiques amères et sarcastiques.

• L’amour croit tout, étant persuadé que sa vraie sécurité se trouve dans le Seigneur.

• L’amour espère tout. Elle s’accroche aux rêves partagés lorsque la carrière de son mari est menacée.

• L’amour supporte tout. Il devient même plus fort dans l’adversité et le stress.

• L’amour ne périt jamais, quand bien même la jeunesse, la santé et la vigueur disparaissent. « Un instant ! » me direz-vous. « Je fais ma part, mais mon conjoint ne fait pas la 15 sienne. Attendez-vous de moi que je continue de l’aimer, alors qu’il ne partage pas mon amour ? »

Cher mari ou chère épouse qui avez perdu vos illusions, l’amour peut changer votre vie. Il ne changera peut-être pas celle de votre conjoint, mais il lui offrira l’occasion de voir que vous êtes encore là pour lui. Ces principes d’amour ne sont pas donnés uniquement pour faire réussir le mariage. Non, ils nous sont donnés par un Père céleste infiniment sage qui désire, par-dessus tout, nous voir vivre une bonne relation avec lui. Certes, c’est difficile d’aimer lorsque l’amour semble n’être qu’à sens unique. C’est difficile, lorsque vous êtes seul à donner, à vous sacrifier, à vous accrocher. C'est difficile, lorsque la vanité, ou l'orgueil, ou l'égoïsme de votre conjoint empêchent votre amour d'être partagé. Vous avez essayé d'en parler, mais rien ne bouge, au point que vous êtes prêt à jeter l'éponge. Si vous en êtes rendu à penser ainsi, vous pourriez tirer avantage à réfléchir aux souffrances que Jésus a endurées pour nous. S'il n'y a jamais eu quelqu'un qui aurait eu de bonnes raisons pour cesser d'aimer, c'est bien lui. Mais il nous a aimés sans réserve, au point même de mourir sur la croix pour nous. Voilà la sorte d'amour que nous devons avoir.

Source:(MARIAGE SOLIDE de Martin R. De HAAN, FILS)

Conclusion

"Celui qui a trouvé une femme trouve le bonheur" (Proverbe 18 :22) ; le mariage est le domaine privilégié pour expérimenter cette parole. Le foyer qui et le plus petit noyau de l'humanité, est à considérer avec toute l'attention car quand dans le foyer tout marche, la bonne humeur se répercutera dans les autres domaines et c'est là la réussite. L'école de la vie en couple est une vraie expérience de la vie à vivre avec toutes les capacités humaines, afin de rendre vivable les exigences que nos impose la vie conjugale. Ne jamais attendre que l'homme aime d'abord sa femme pour qu'il reçoive en retour l'obéissance ou vice versa. Il faut plutôt considérer que le mariage est une occasion pour chacun de développer les aptitudes humaines quand à aimer ou à obéir. Tous, nous sommes défiés ; car cela exige jour après jour, notre amélioration, et d'une manière continue.

L'union est un mystère qui cherche à être maîtrisé, compris mais surtout vécu. C'est une affaire qui nous concerne tous.

MES PRECEPTES :

Nous partons du fait que tout ce que DIEU fait est bon. Fort de cela, nous disons que tout Homme est un chef d'œuvre de la création. Ainsi, nous devons tous nous apprécier, nous considérer, nous valoriser à notre juste mesure. Ceci en actions de grâce et de gratitude vis-à-vis du créateur.

Chacun de nous est unique en son genre et possède un don reçu du père. Don par lequel, il est glorifié en nous et par nous au quotidien dans la société.

Il revient donc à chacun de se connaitre vraiment, de découvrir le don exceptionnel reçu de DIEU, le développer et le mettre au service de la volonté du souverain aux travers des hommes vers qui il nous a envoyé.

Père, permet nous de posséder pour te servir :

- La connaissance ;
- Le savoir ;
- La sagesse.

Car la bible déclare : **cherche et connait la vérité, elle t'affranchira**.

- **La connaissance** : Permet de comprendre, d'expliquer et de démontrer la création ; de saisir son caractère complexe et sophistiqué.
- **Le savoir** : Il est dans son ensemble, l'art de bien faire. Ainsi je demande : le savoir intellectuel, le savoir être, le savoir-faire, le savoir dire, le savoir vivre et enfin le savoir mourir.
- **La sagesse** : C'est le respect et l'observation des codes et canons régissant l'existence et le monde ; afin de ne pas déplaire au souverain.

La recherche permanente de ces dons permet d'être agréable à DIEU et aux Hommes.

Maintenant écoute la voix de la sagesse Homme :

Sois humble en toute chose et circonstance, car tout est don. Il est écrit : Qu'as-tu que tu n'as reçu ? Et si tu l'as reçu, pourquoi te vanter ?

Ne te surestime jamais, et rabaisse toi devant DIEU et les Hommes afin d'en être élevé.

Sache une chose essentielle, c'est en acceptant se faire serviteur des autres qu'on devient le plus grand de tous. Car il vaut mieux servir que se servir ou se faire servir.

Cultive le pardon au plus profond de ton cœur, ainsi le monde ne t'empoisonnera jamais. Sache-le clairement : Le remède de la colère, et de la haine qui sont des poisons pour l'âme et le cœur est : **L'amour et le pardon.** Sois donc l'amour personnifié et cultive le pardon face à l'agression de la société.

Fuis la paresse, la médiocrité et cultive l'excellence. Tout ce que ta main trouve à faire, fais-le avec soin et application de façon à devenir le meilleur dans ton domaine. Vise sans cesse le sommet et ne te contente jamais de la seconde place.

Cultive sans cesse le dépassement de soi.

Sache que tout ce qui t'arrive de bien comme de mal a une raison bien précise, et une leçon que t'apprend ta situation afin d'en toujours sortir grandi. Car dis ton, ce qui ne te tue pas, te rends plus fort. Mais ceci à condition de savoir saisir le pourquoi de ce qui nous arrive.

Sois utile à toi-même et à ton entourage ; Sois le pilier sur qui s'appuyer, sois généreux vis-à-vis des autres, sois agréable à vivre et apprends à faire le bien pour toi-même et pour les autres, car le **bien est bien**.

Sois bienveillant vis-à-vis de ton prochain et ne fait à autrui ce que tu n'aimerais pas que l'on te fasse.

Respecte tous ceux qui sont devant toi en toute chose. Respecter les parents et les ainées, c'est se soumettre à la volonté de DIEU ; Respecte les autorités, car tout pouvoir vient de DIEU.

Sois poli, aimable et serviable car un serviteur se doit de l'être.

Aime ton corps, aime ta vie et fais-toi plaisir en toute chose dans la lucidité et la dignité. Sois digne en toutes circonstances.

Sache user de tout et n'abuser de rien. Reste intègre en toute situation. Ne fais jamais ce que tu ne peux justifier publiquement de façon sereine.

Sache que tout est relatif dans ce bas monde ; Par conséquent, sois ferme dans tous tes principes, mais ne sois jamais figé dans tes prises de position et dans ta pensée. Sois sans cesse dynamique dans la positivité et la construction de tes acquis et prise de position.

Enfin, sache que sur cette terre, nul n'est parfait. Donc cultive la tolérance et la compréhension.

Vis pleinement ta vie, car c'est la tienne et celle de personne d'autre. Cependant, sache que tu rendras compte de chacune de tes pensées et actions.

Sois béni et rempli de grâces. Que la divine providence t'accompagne sans cesse. Par ton existence et ta vie, glorifie l'éternel.

MON IDOLE

(Poême)

Toi en qui je tire mon inspiration, je viens près de toi. Comment te présentes-tu ? Quel est ton mode d'évolution ? Comment agis-tu ?

Mon idole, c'est celui-là qui porte sa croix, cette croix-là qui représente une multitude de personne.

C'est celui-là qui sait prévoir quand sera le moment pour se soulever.

Mon idole dénonce les problèmes de la vie tels qu'ils se présentent.

C'est celui-là qui sans crainte révèle le visage de chacun.

Mon idole a de l'ambition pour sa nation et se soucie du bienêtre de ses semblables. Celui en qui tout le monde a confiance, qui projette le futur de son continent pour un avenir meilleur à tous.

Mon idole lutte pour une cause portant en elle, l'indépendance et l'émergence : Bref la liberté. Combattre pour la liberté de son pays ou de son continent, c'est porter la croix de tout un chacun, afin de leur procurer une vie meilleure.

Il est résistant malgré son âge.

Mon idole, c'est celui qui a toujours les pieds sur terre et s'oppose à l'injustice quel que soit sa forme.

Il ne critique pas, il sait juste prendre position peu importe le sujet posé.

Mon idole sait parler aux leaders et légendes du monde.

Il distingue le bien du mal ; Et par sa parole, prédit le futur.

Mon idole est toute personne qui s'érige en référence.

Il incarne la volonté, l'espoir, la paix, et la prospérité.

Mon idole est réfléchit et non agit, il peut être lui ou toi ; En bref mon idole a changé, change et changera toujours le visage du monde.

QUELQUES CITATIONS :

- La sagesse est recherchée par l'homme éclairé.
- L'âme du créateur vie en ses créations.
- La vie d'un homme, est une lutte pour exister avec pour certitude d'être vaincu.
- L'existence est le mouvement par lequel l'homme vient au monde, s'engage dans la société dans une situation physique qui devient ainsi son point de vue sur le monde.
- La finalité de la vie est de laisser des traces dans l'humanité.

- Vivre c’est faire face à des contraintes biologiques et environnementales qui influencent nos actions.

LEXIQUE : SIGNES ET ABREVIATION

Eccl : Ecclésiaste

Ps : Psaumes

Os : Osée

Am : Amos

Deut : Deutéronome

2 cor : 2 Corinthiens

Gal : Galates

Rom : Romains

Hebr : Hébreux

AT : Ancien Testament

NT : Nouveau Testament

BIBLIOGRAPHIE :

R .TATON, Histoire générale des sciences / PUF.1994 – Pour l'évolution des idées mécaniques.

P.RICHET, l'âge du monde, seuil. 1999.

D. E. DUNCAN, le temps conté, NIL éd, 1999.

B. JACOMY, une histoire des techniques, seuil coll. Points sciences, 1990. Pour la description de l'horloge chinoise du XIe siècle et pour l'usage des horloges au moyen âge.

Les grandes inventions, Larousse ,1994 .

Dictionnaire encyclopédique de la bible.

La Bible : Ancien testament et Nouveau testament

Le mariage selon la bible : Présenté par Jonas Massengo

Les éléments d'un mariage solide : Martin R. De Haan, Fils.

BIOGRAPHIE DE L'AUTEUR

L'auteur de l'ouvrage PENSEES D'UN PELERIN Michel EBEDE, est un jeune Camerounais né le 28 Avril 1984 à ESSE. Il fit ses études maternelles, primaires, secondaires, et supérieures dans différentes villes du Cameroun. Il est Technicien supérieur et professeur d'ELECTROTECHNIQUE (GEL/F3) sorti de l'ENSET de Douala. Libre penseur et très pieux, il est lumière, disciple de LA LUMIERE. C'est dans le but de contribuer à l'amélioration de l'humain dans ses rapports avec son créateur d'une part et de son bien être d'autre part qu'il nous propose cet ouvrage qui est le premier livre d'une collection de trois œuvres à but pédagogique . Fils d'éducateur et éducateur à son tour, instruire et éduquer sont pour lui une seconde nature. Son crédo : **Toujours servir**.

4ème de couverture

L'ouvrage ¨ PENSEES D'UN PELERIN ¨ est une réflexion de l'auteur, qui souhaite partager avec la société sur des questions qui lui paraissent fondamentales, et primordiale dans le processus de l'édification de l'homme.

Dans un souci de partage et d'échange positif d'idées, l'auteur propose sa réflexion aux travers de différentes articulations, des thèmes qui devraient interpeller toute l'humanité. Dans un style précis et concis, il propose un document digeste et facile à comprendre pour une large majorité du public.

Loin d'apporter des réponses toutes faites aux différentes préoccupations, PENSEES D'UN PELERIN traite les thèmes de façon globalisante et privilégie, la généralité aux spécificités ;

Le souci étant de pousser l'homme à la réflexion, au questionnement, et à une remise en cause profonde dans le sens que nous donnons à notre existence, et des actes que nous posons.

Les thèmes de : L'EXISTENCE et de LA VIE, sont traités de manière dialectique afin d'en dégager les problématiques et aboutir aux réponses satisfaisantes ;

Les thèmes sur : LA FINALITE DE LA VIE ET DE L'EXISTENCE, et celui de LA MORT, sont expliqués et commentés selon l'entendement et les convictions de l'auteur ;

Le thème sur LE TEMPS, nous présente la chose telle qu'elle et nous exhorte à en faire bon usage ;

Les thèmes sur : DIEU et LA FOI sont simplement expliqués et argumentés pour une bonne compréhension du lecteur, mais aussi pour l'en convaincre.

Le thème sur : LE MARIAGE et les poèmes sont un bonus que l'auteur ajoute pour partager son avis sur cette institution d'une part, et dénoncer quelques faits sociaux d'autres part.

Plus que toute autre chose, l'auteur espère éveiller cher le lecteur le besoin de s'approprier ces thèmatiques pour murir la réflexion ; Et surtout faire des Hommes radicalement transformés au terme de la lecture

Cependant, pour une meilleure compréhension de l'ouvrage l'auteur encourage le lecteur à parcourir PENSEES D'UN PELERIN dans un etat de méditation et d'ouverture d'esprit total afin d'en percevoir la substance réelle et sa pertinence. MERCI….

Table des matières

Printed by Books on Demand GmbH, Norderstedt / Germany